초등학교

생활
중국어

초등학교 생활 중국어 3

지은이 김지선, 조한나, 권승숙
펴낸이 임상진
펴낸곳 (주)넥서스

초판 1쇄 발행 2020년 6월 5일
초판 2쇄 발행 2020년 6월 10일

출판신고 1992년 4월 3일 제311-2002-2호
주소 10880 경기도 파주시 지목로 5
전화 (02)330-5500 팩스 (02)330-5555

ISBN 979-11-6165-850-6 64720
      979-11-6165-847-6 (세트)

www.nexusbook.com

시작부터 특별한 **어린이 중국어** 학습 프로그램

초등학교

생활 중국어 3

김지선·조한나·권승숙 지음
한국중국어교육개발원 감수

넥서스 CHINESE

세계의 인구는 약 77억 명 정도라고 합니다. 그중에 중국어를 사용하는 사람이 약 15억 명으로, 즉 세계 인구의 1/5 정도가 중국어를 사용하고 있습니다. 우리 어린이들이 중국어를 배우면 지구상에서 만나는 사람들 5명 중의 1명과 소통할 수 있다는 뜻입니다.

집필진 선생님들께서는 동산초등학교가 중국어를 가르치기 시작한 2007년부터 현재까지 꾸준히 근무하시면서 어린이들이 배우기 쉽고 흥미 있는 교재를 찾기 위하여 새 학년도마다 늘 고민을 하셨습니다. 그러면서 다년간 현장에서 직접 어린이들과 부딪치며 느꼈던 교재의 아쉬움을 직접 해결해 보고자 이번에 『초등학교 생활 중국어』교재 집필에 참여하셨습니다.

이 교재는 우리 동산 어린이들뿐만 아니라 중국어를 처음 배우기 시작하는 모든 어린이에게 쉽고 재미있게 중국어를 배울 수 있는 교재가 될 것이라고 확신합니다. 학교 현장 수업에 적합한 새로운 구성과 창의적인 내용으로 아이들이 흥미롭게 중국어를 배울 수 있는 교재입니다. 동산초등학교 어린이들뿐만 아니라 우리나라 모든 어린이가 글로벌 인재로 성장할 기회를 열어 주는 교재가 되기를 응원합니다.

동산초등학교 신상수 교장선생님

✿ ✿ ✿

저는 저자가 이 교재를 만드는 것을 그동안 옆에서 지켜보았습니다. 어떻게 하면 아이들이 쉽고 즐겁게 중국어를 공부할 수 있을까 하고 고민하던 많은 시간이 결국 집필이라는 인고의 시간을 통해 이처럼 배움의 꽃으로 승화했습니다. 저는 이 교과서가 아이들의 중국어 능력 향상에 크게 기여하리라 믿어 의심치 않으며, 또한 이 교재를 통하여 아이들에게 즐겁고 행복한 배움이 있기를 기원합니다.

토평중학교 심정옥 교장선생님

　　박용호 선생님이 집필 책임을 맡고 뛰어난 집필진, 연구진이 한 팀이 되어 만들어 낸 『초등학교 생활 중국어』 시리즈는 어린 학생들의 인지적 능력 발달의 특징과 학생들의 흥미를 고려하여 학습 내용 및 연습문제를 매우 잘 설계하였습니다. 내용적인 특징을 살펴보니, 첫째는 어린 학생들에게 익숙한 상황을 학습 내용에 잘 반영하였으며, 둘째는 가르치는 내용이 풍부하고, 다양한 활동을 담아 학생들이 참여를 통하여 쉽게 학습 내용을 익힐 수 있도록 하였고, 활동 소재의 선택과 설계는 초등학생의 특성을 잘 반영하고 있습니다.

북경외국어대학교 중문대학장 Zhang Xiaohui

✿　✿　✿

　　다년간 중국어 국제 교육과 한중 문화 교육 교류에 힘써 온 박용호 선생님이 주도하여 만드는 『초등학교 생활 중국어』 시리즈는 다년간의 중국어 교육 이론과 교학 방법 및 교학 모형 연구의 중요한 성과물이 될 것입니다. 이것은 한국의 어린이 중국어 교재 출판 영역에 있어서의 중요한 성과이며, 차후 한중 양국의 인문 교류에도 공헌하게 될 것입니다.

중국국립우한대학교 국제교육대학장 Hu Yanchu

✿　✿　✿

　　지금까지 한국에서 출간된, 초등학생의 단계에 알맞는 중국어 교재를 찾기란 쉽지 않습니다. 『초등학교 생활 중국어』는 한국중국어교육개발원의 대표인 박용호 선생님을 중심으로 많은 국내외 중국어 선생님들이 힘을 합쳐 그들의 다년간의 경험을 담아 내어 집필되는 첫 번째 어린이 중국어 교재가 아닌가 생각합니다. 『초등학교 생활 중국어』는 한국 교육부의 초중고 중국어 교육과정을 참고하였고, 어휘면에서는 HSK 1~3급을 참고하여 실용성과 생동감, 재미가 일체가 되어 집필되었습니다. 이제 초등학교 수준의 어린이들에게 적합한 교재가 나왔다고 할 수 있습니다.

한국외국어대학교 공자아카데미원장 Miao Chunmei

이 교재는 재미있는 문화 지식, 효과적인 언어 재료, 효율적인 교사와 학생의 활동 등이 풍부합니다. 아마도 중국어 교사라면 즐거운 마음으로 이 교재를 선택할 것입니다. 한국의 어린 학생들이 이 교재를 통하여 많은 것을 얻을 수 있기를 바랍니다.

북경어언대학교 한어대학 교수 YangJie

✿ ✿ ✿

오랫동안 한국의 중국어 교육 발전을 위해 노력해 온 박용호 선생님은 그동안 한중 양국의 교육 문화계에 중요한 영향을 끼쳤습니다. 이번에 그가 조직하여 출판하는 『초등학교 생활 중국어』는 다년간의 교육 경험, 교육 방법 교학 연구의 중요한 성과가 아닌가 생각합니다. 이것은 한국의 어린이 중국어 교재 출판에서의 신기원일 뿐 아니라, 중국 출판계에 끼치는 영향도 지대할 것입니다.

상해교통대학출판사 총경리 Li Miao

✿ ✿ ✿

이번 『초등학교 생활 중국어』의 출판은 오랜 기간 한국의 중국어 교사를 대표했던 박용호 선생님을 중심으로 다년간 초등 교육에 전념한 현직 선생님들이 집필에 직접 참여하여 쓰여졌습니다. 이 교재는 초등학교 학생 수준에 맞추어 생동감 있는 내용으로 재미있게 쓰여져 초등학생의 학습 흥미와 상상력을 일깨울 것입니다.

중국절강출판연합집단 동경지사 사장 Quan Guangri

머리말

초등학교 중국어의 세계에 들어오신 것을 환영합니다. 우리는 왜 중국어를 공부해야 할까요? 어떤 사람들은 한자와 발음 때문에 중국어가 배우기 어렵다고들 합니다. 하지만 과학적 연구 결과에 의하면, 중국어를 공부하면 인간의 좌뇌와 우뇌를 고르게 사용하게 되기 때문에, 수학, 과학, 외국어, 인문학 등 다른 영역을 공부하는 데 있어서 매우 긍정적인 영향을 끼친다고 합니다. 그래서 중국어를 공부해야 합니다. 굳이 이웃 나라 중국의 중요성에 대해서 언급하지 않더라도 말이죠. 어린이는 우리의 미래입니다. 그리고 우리 어린이들이 중국어를 공부한다는 것은 자신의 미래를 준비하는 가장 훌륭한 선택이 될 것입니다.

이 책은 다음의 기준으로 집필되었습니다.

1 초등학교 중국어 교과서를 지향합니다. 현재 초등학교에는 중국어가 정규 교육과정에 들어가 있지 않습니다. 그러나 이 교재는 현행 중·고등학교 중국어 교육과정을 적극 참고하여, 우리가 초등학교 교과서를 만든다는 마음가짐으로 집필하였습니다.

2 초등학교 중국어 선생님들이 집필하였습니다. 오랜 시간 초등학교에서 정규과목으로 중국어를 가르쳐 온 선생님들이 직접 교재를 만들면서 그동안 현장에서 쌓은 경험과 노하우를 고스란히 담았습니다.

3 뚜렷한 기준으로 집필되었습니다. 기준 어휘는 교육부가 선정한 중·고등학교 교육과정의 880개 어휘와 의사소통 기본 표현과 문화 부분을 참고하였습니다. 또한 HSK 1~3급의 어휘 600개를 참고하였습니다. 그리고 일주일에 한 시간 기준으로 1년에 1권씩 총 6권으로 기획되었고, 수준에 따라 낱권으로도 사용할 수 있도록 설계하였습니다.

4 관련 분야 전문가의 공동 작업을 실현하였습니다. 우수한 집필진은 물론이고, 그 이상의 다양한 경험과 능력을 보유한 연구진 선생님들이 교재 개발에 참여하였습니다. 또한 중국 교육부에서 파견한 원어민 교사(CPIK) 선생님들 중에서도 여러 분이 연구, 검토 및 교정에 참여해 주셨습니다.

이 교재를 통하여 어린이 여러분들이 교실에서 선생님과 함께, 혹은 가정에서 부모님과 함께 중국어를 즐겁게 공부할 수 있기를 기대합니다. 출판을 허락해 주신 넥서스 신옥희 전무님께 감사드리고, 편집의 틀을 잡아 주신 조유경 과장님, 그리고 최고의 편집자 권근희 부장님께도 감사의 말씀을 전합니다. 끝으로 우리 어린이들이 세계와 소통하는 국제인으로서 배려와 나눔을 실천하는, 더불어 사는 사람으로 성장해 주길 소망합니다.

초등학교 생활 중국어 편찬위원회

Cāi yi cāi
배울 내용을 생각해 봐요

해당 단원의 주제와 관련된 이야기를
네 컷 만화로 재미있게 구성하였습니다.
재미있게 중국어를 시작해 볼까요?

Dú yi dú
따라 읽어 봐요

다양한 상황에서 이루어지는 대화를 통해
단원의 핵심 표현을 익힐 수 있습니다.
원어민의 정확한 발음을 들으며 따라 읽어
보면 실력이 쑥쑥 올라갑니다.

Shuō yi shuō
바꿔서 말해 봐요

앞에서 배운 핵심 표현을 다양하게
바꾸어 말해 보면서 활용 능력을
키웁니다.

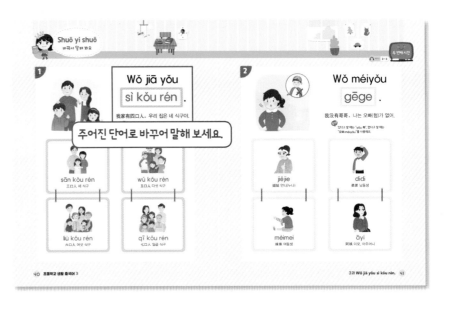

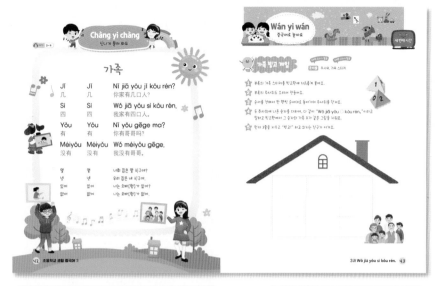

Chàng yi chàng
신나게 불러 봐요

원어민의 정확한 발음을 들으며 따라 불러 봅니다.
여러 번 반복해서 불러 보면 좋습니다.

Wán yi wán
중국어로 놀아요

중국어를 사용하여 재미있는 모둠 활동을 해 보면서
자연스럽게 복습할 수 있도록 구성하였습니다.

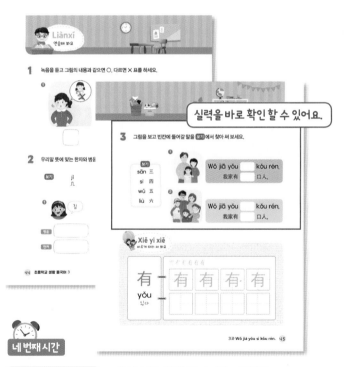

실력을 바로 확인할 수 있어요.

재미있는 만들기 활동도
해 보세요.

Liànxí
연습해 봐요

혼자서도 쉽게 풀 수 있는 문제로
구성하였습니다. '바르게 따라 써 봐요'에서는
간화자 쓰기를 연습합니다. 획순에 주의하며
예쁘게 따라 써 보세요.

Wénhuà
중국을 알아 봐요

한 단원을 마치고 쉬어 가면서
중국 문화 이야기를 사진과 함께 읽어 봅니다.
재미있는 만들기 활동도 해 볼 수 있습니다.

부가 자료 소개

⭐ 무료 다운로드 방법

넥서스 홈페이지(nexusbook.com) ➡ 도서명 검색 ➡ MP3 / 부가 자료 다운로드

1 MP3 음원

중국 원어민이 녹음한 음원을
들으며 연습할 수 있습니다.

2 단어 암기 동영상

단어도 이제는 영상으로 공부!
지루하지 않게 암기할 수 있습니다.

3 한어병음 결합표

b+ai

한어병음을 한눈에!
벽에 붙여 놓고 외우면 끝입니다.

4 단어장

언제 어디서든 간편하게
휴대하며 외울 수 있습니다.

5 간화자 쓰기 노트

国

본문에 나온 단어의 기본 글자를
획순과 함께 익힙니다.

QR 코드로 간편하게 MP3 듣기

스마트폰으로
QR코드를 스캔하세요!

🔍 단어 한눈에 보기

1과

niánjí 年级 학년	HSK 3급
bān 班 반	HSK 3급
shì 是 ~이다	HSK 1급
Hànyǔ 汉语 중국어	HSK 1급
lǎoshī 老师 선생님	HSK 1급
duì 对 맞다	HSK 2급
tóngzhuō 同桌 짝꿍	
tóngxué 同学 학우, 동급생	HSK 1급
xuéshēng 学生 학생	HSK 1급
xiàozhǎng 校长 교장	HSK 3급

2과

shǔ 属 ~띠이다	
tù 兔 토끼	
yě 也 ~도	HSK 2급
bù 不 아니다	HSK 1급
shǔ 鼠 쥐	
niú 牛 소	
hǔ 虎 호랑이	
lóng 龙 용	HSK 5급
shé 蛇 뱀	HSK 5급
mǎ 马 말	HSK 3급
yáng 羊 양	
hóu 猴 원숭이	
jī 鸡 닭	
gǒu 狗 개	HSK 1급
zhū 猪 돼지	HSK 5급

3과

jiā 家 집	HSK 1급
yǒu 有 있다	HSK 1급
kǒu 口 식구 [양사]	HSK 3급
rén 人 사람	HSK 1급
méiyǒu 没有 없다	HSK 1급
āyí 阿姨 이모, 아주머니	HSK 3급

4과

nǎ 哪 어느	HSK 1급
guó 国 나라	
Hánguó 韩国 한국	
Zhōngguó 中国 중국	HSK 1급
Yīngguó 英国 영국	
Měiguó 美国 미국	
Fǎguó 法国 프랑스	
Déguó 德国 독일	
Jiānádà 加拿大 캐나다	
Yìdàlì 意大利 이탈리아	
Rìběn 日本 일본	

5과

qù 去 가다		HSK 1급
nǎr 哪儿 어디		HSK 1급
shūdiàn 书店 서점		
chāoshì 超市 슈퍼마켓		HSK 3급
wénjùdiàn 文具店 문방구		
dòngwùyuán 动物园 동물원		
jīchǎng 机场 공항		HSK 2급
túshūguǎn 图书馆 도서관		HSK 3급
gōngyuán 公园 공원		HSK 3급
diànyǐngyuàn 电影院 영화관		
cāntīng 餐厅 음식점		HSK 4급
yínháng 银行 은행		HSK 3급

6과

jīntiān 今天 오늘		HSK 1급
yuè 月 월		HSK 1급
hào 号 일		HSK 1급
xīngqī 星期 요일		HSK 1급
xīngqī'èr 星期二 화요일		
xīngqīyī 星期一 월요일		
xīngqīsān 星期三 수요일		
xīngqīsì 星期四 목요일		
xīngqīwǔ 星期五 금요일		
xīngqīliù 星期六 토요일		
xīngqītiān 星期天 일요일		

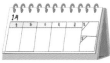

7과

xiànzài 现在 지금		HSK 1급
diǎn 点 ~시		HSK 1급
fēn 分 ~분		HSK 3급
jiàn 见 만나다		
péngyou 朋友 친구		HSK 1급
liǎng 两 둘, 2		HSK 2급
bàn 半 반, 30분		HSK 3급
kāishǐ 开始 시작하다		HSK 2급
jiéshù 结束 끝나다, 마치다		HSK 3급
chūfā 出发 출발하다		HSK 4급
dào 到 도착하다		HSK 2급

8과

pútao 葡萄 포도		HSK 4급
duōshao 多少 얼마		HSK 1급
qián 钱 돈		HSK 1급
kuài 块 위안 [화폐 단위]		HSK 1급
píngguǒ 苹果 사과		HSK 1급
ge 个 ~개 [양사]		HSK 1급
lí 梨 배		HSK 5급
shìzi 柿子 감		
cǎoméi 草莓 딸기		
táozi 桃子 복숭아		

과	단원명	학습 목표	찬트	활동	문화
1	Wǒ sān niánjí èr bān. 나는 3학년 2반이야.	• 학년·반 말하는 표현 익히기 • 그·그녀가 누구인지 소개하는 표현 익히기	학년과 반	우리 반 친구들을 맞혀 봐요	중국 학생들의 눈 운동
2	Wǒ shǔ tù. 나는 토끼띠야.	• 띠 말하는 표현 익히기	12가지 띠	동물 눈치 게임	상상의 동물 용
3	Wǒ jiā yǒu sì kǒu rén. 우리 집은 네 식구야.	• 가족 수 말하는 표현 익히기 • yǒu, méiyǒu 사용한 표현 익히기	가족	가족 빙고 게임	중국의 가족 문화
4	Wǒ shì Hánguórén. 나는 한국인이야.	• 나라 이름 말하는 표현 익히기	나라 이름	나라 깃발 들기 게임	중국의 국기 오성홍기
5	Wǒ qù shūdiàn. 나는 서점에 가.	• 장소 말하는 표현 익히기	장소	장소 도장 찍기 게임	중국 베이징의 옛길
6	Jīntiān wǔ yuè wǔ hào. 오늘은 5월 5일이야.	• 날짜와 요일 말하는 표현 익히기	날짜와 요일	달력 땅따먹기	중국 전통 명절 단오절
7	Xiànzài bā diǎn shí fēn. 지금은 8시 10분이야.	• 시간 말하는 표현 익히기	시간	시간 카드 모으기	중국과 다른 나라의 시차
8	Pútao duōshao qián? 포도는 얼마야?	• 가격 물어보는 표현 익히기	가격	가격표 완성하기	중국의 화폐

시간 배당 각 과 4차시씩 총 32차시

4권 학습 목표 미리 보기

과	단원명	학습 목표	찬트	활동	문화
1	Wǒ xǐhuan kàn shū. 나는 독서를 좋아해.	• 좋아하는 취미를 말하는 표현 익히기	취미	동작 맞추기	중국의 종이 오리기 공예
2	Wǒ xiǎng hē guǒzhī. 나는 주스 마시고 싶어.	• 먹고 마시고 싶은 음식 말하는 표현 익히기	음식	문장 루미큐브	중국의 차 문화
3	Wǒ huì dǎ lánqiú. 나는 농구를 할 줄 알아.	• 할 줄 아는 운동을 말하는 표현 익히기	운동	메모리 게임	중국인들이 즐겨 하는 운동
4	Wǒ yǒudiǎnr jǐnzhāng. 나 조금 긴장돼.	• 감정 표현 익히기	감정	찢기 빙고	경극과 변검 이야기
5	Wǒ xǐhuan qiūtiān. 나는 가을을 좋아해.	• 날씨와 계절을 말하는 표현 익히기	날씨와 계절	같은 그림 찾기 게임	겨울 축제 하얼빈 빙등제
6	Wǒ qùguo Xī'ān. 나는 시안에 가 봤어.	• 경험을 나타내는 표현 익히기	경험	말판 게임	역사의 도시 서안
7	Wéi, Nǐ zài zuò shénme ne? 여보세요, 너 뭐 하고 있어?	• 동작의 진행을 말하는 표현 익히기	진행	단어 오목 게임	중국 사람들이 싫어하는 선물
8	Wǒ zǎoshang qī diǎn qǐchuáng. 나는 아침 7시에 일어나.	• 하루 일과를 나타내는 표현 익히기	시간과 동작	윷놀이 말판 게임	중국 초등학교의 아침 풍경

⏰ **시간 배당** 각 과 4차시씩 총 32차시

🐰 등장인물

✏️ 3권에서는 3학년이 된 친구들의 이야기가 펼쳐집니다. 중국에서 학교를 다니며 중국어 실력이 쑥쑥 오른 아리와 유준이, 그리고 중국 친구 징징이와 베이베이를 만나러 함께 가 볼까요?

아리 Ālì
한국인, 초등학교 3학년

활발하고 명랑한 아리는 중국어 공부에 푹 빠졌어요.

유준 Yòujùn
한국인, 초등학교 3학년

씩씩한 유준이는 중국의 모든 것에 관심이 많아요.

베이베이 Bèibei
중국인, 초등학교 3학년

엉뚱하지만 친절한 베이베이는 친구들의 중국어 공부를 도와줘요.

징징 Jīngjing
중국인, 초등학교 3학년

똑똑하고 귀여운 징징이는 아리와 유준이의 단짝 친구예요.

왕왕이

1과 Wǒ sān niánjí èr bān.
나는 3학년 2반이야.

Cāi yi cāi
배울 내용을 생각해 봐요

난 3반이야.

아리야,
너 몇 반 됐어?

징징이는
2반이라고 했지?

응. 우리 징징이
보러 가자.

징징이가 뭘 하는 거지?
눈 감고 자는 건가?

아니야.
지금 눈 운동 하는
시간이라서 그래.

눈이 좋아지는 운동이니까,
너도 해봐.

그렇구나.
신기하다!

오늘 배울 내용은 _____ 예요.

🎧 MP3 1-1

Tā shì Hànyǔ lǎoshī ma?
他是汉语老师吗?

Duì, tā shì Hànyǔ lǎoshī.
对，他是汉语老师。

단어를 익혀요! 🎧 MP3 1-2

niánjí 年级 학년	bān 班 반	shì 是 ~이다
Hànyǔ 汉语 중국어	lǎoshī 老师 선생님	duì 对 맞다

1

Wǒ sān niánjí èr bān.

我三年级二班。 나는 3학년 2반이야.

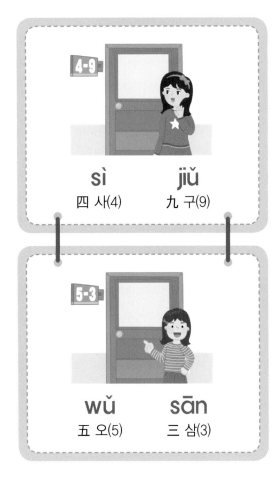

sì   jiǔ
四 사(4)   九 구(9)

wǔ   sān
五 오(5)   三 삼(3)

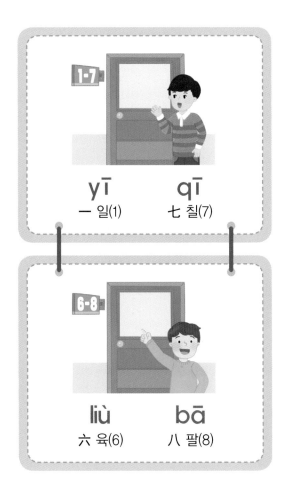

yī   qī
一 일(1)   七 칠(7)

liù   bā
六 육(6)   八 팔(8)

🎧 MP3 1-3

2

Tā shì
Hànyǔ lǎoshī .

他是汉语老师。
저분은 중국어 선생님이야.

tóngzhuō
同桌 짝꿍

tóngxué
同学 학우, 동급생

xuéshēng
学生 학생

xiàozhǎng
校长 교장

1과 Wǒ sān niánjí èr bān. 21

MP3 1-4

학년과 반

Jǐ 几	Jǐ 几	Jǐ niánjí jǐ bān? 几年级几班?
Sān 三	Sān 三	Sān niánjí èr bān. 三年级二班.
Lǎoshī 老师	Lǎoshī 老师	Tā shì Hànyǔ lǎoshī ma? 他是汉语老师吗?
Lǎoshī 老师	Lǎoshī 老师	Tā shì Hànyǔ lǎoshī. 他是汉语老师.

몇	몇	몇 학년 몇 반이야?
3	3	3학년 2반이야.
선생님	선생님	저분은 중국어 선생님이야?
선생님	선생님	저분은 중국어 선생님이야.

Wán yi wán
중국어로 놀아요

거울 속 인물을 맞혀 봐요

1️⃣ 거울 속에 배운 단어에 해당되는 사람의 얼굴을 그려요.
예 汉语老师, 同桌, 同学, 学生, 校长 등

2️⃣ 한 명씩 차례대로 앞에 나와서 친구들에게 자기가 그린 그림을 보여 줘요.

3️⃣ 나머지 친구들은 그림을 보고 "Tā shì ○○ ma?" 하고 질문해요.

4️⃣ 앞에 나온 사람은 친구들이 말한 사람이 맞으면 "Duì.", 틀리면 "Bú duì."라고 대답해요.

5️⃣ 정답을 맞추면 다음 사람이 앞에 나와서 그림을 보여 줘요.

응용 반 친구의 얼굴을 각자 그린 다음, 누구 얼굴인지 위와 같은 방법으로 맞혀 봐요.

1 녹음을 듣고 그림의 내용과 같으면 ○, 다르면 ✕ 표를 하세요.

❶ 3-1

❷

2 우리말 뜻에 맞게 그림 속의 단어를 순서대로 써서 문장을 완성해 보세요.

맞아, 그녀는 중국어 선생님이야.

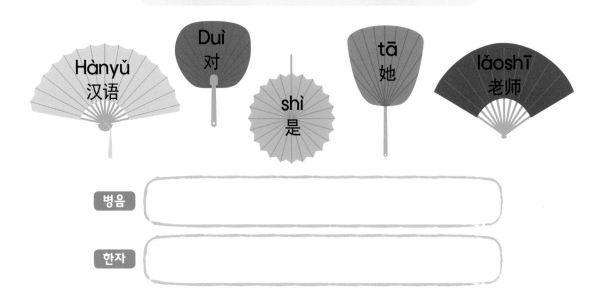

Hànyǔ
汉语

Duì
对

shì
是

tā
她

lǎoshī
老师

병음

한자

129쪽 스티커 활용

3 그림을 보고 빈 말풍선에 들어갈 문장을 찾아 스티커를 붙여 보세요.

❶

❷

3-1

Tā shì tóngxué ma?
他是同学吗？

Nǐ jǐ niánjí jǐ bān?
你几年级几班？

Xiě yi xiě
바르게 따라 써 봐요

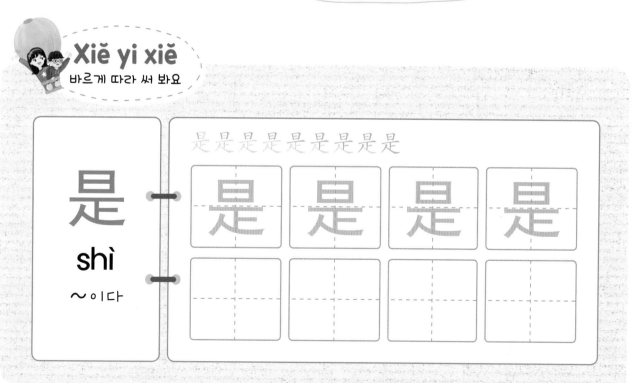

是
shì
〜이다

是是是是是是是是是

是　是　是　是

 중국 학생들의 **눈 운동**

중국 학교에는 하루 종일 책을 보는 학생들을 위해 오전에 한 번, 오후에 한 번 눈 운동 하는 시간이 있어요. 눈 운동은 4단계로 나눠서 하는데, 첫 번째는 눈을 감고 엄지손가락으로 눈썹 앞머리 부분을 누르며 동그랗게 문질러요. 두 번째는 엄지와 집게손가락으로 눈과 콧대 사이를 살살 문질러요. 세 번째는 집게손가락으로 콧망울 옆 양볼을 가볍게 돌려요. 마지막으로 주먹을 쥔 상태에서 엄지로 관자놀이를 누르고 집게손가락 두 번째 마디로 눈 모양을 따라 그리듯 마사지해요. 눈 건강을 위해 한 번 따라 해 보세요.

눈 운동 따라 해 보기

그림을 따라서 눈 주위를 꼭꼭 눌러 보세요.

❶

➡
❷

➡
❸

➡
❹

2과 Wǒ shǔ tù.
나는 토끼띠야.

Cāi yi cāi
배울 내용을 생각해 봐요

이 그림 좀 봐.
띠를 나타내는 동물들이야.

우와, 용 그림 멋있다!
내 동생이 용띠인데.

그래? 용띠는 중국어로
슈 룽(shǔ lóng)이라고 해.

중국 사람들은 용을
아주 좋아해서, 용 그림이나
조각을 많이 볼 수 있어.

특별한 이유가 있어?

중국에선 용을 신성한
동물이라고 생각하거든.
옛날에는 황제를
상징하기도 했어.

아, 그렇구나.

✏️ 오늘 배울 내용은 [   ] 예요.

MP3 2-1

Bú shì,
bàba shǔ shǔ.
不是, 爸爸属鼠。

Bàba yě
shǔ tù ma?
爸爸也属兔吗?

단어를 익혀요! MP3 2-2

shǔ 属 ~띠이다   tù 兔 토끼   yě 也 ~도
bù 不 아니다   shǔ 鼠 쥐

Shuō yi shuō
바꿔서 말해 봐요

Wǒ shǔ tù .

我属兔。 나는 토끼띠야.

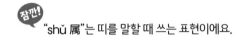

잠깐! "shǔ 属"는 띠를 말할 때 쓰는 표현이에요.

shǔ
鼠 쥐

niú
牛 소

hǔ
虎 호랑이

tù
兔 토끼

lóng
龙 용

shé
蛇 뱀

2

Bàba shǔ shǔ .

爸爸属鼠。 아빠는 쥐띠야.

mǎ
马 말

jī
鸡 닭

yáng
羊 양

gǒu
狗 개

hóu
猴 원숭이

zhū
猪 돼지

Chàng yi chàng
신나게 불러 봐요

12가지 띠

Shǔ	Shǔ	Nǐ shǔ shénme?
属	属	你属什么?
Shǔ、	niú、	hǔ、tù、lóng、shé、
鼠、	牛、	虎、兔、龙、蛇、
mǎ、	yáng、	hóu、jī、gǒu、zhū.
马、	羊、	猴、鸡、狗、猪。
Wǒ	Wǒ	Wǒ shǔ tù.
我	我	我属兔。

띠	띠	너는 무슨 띠야?
쥐,	소,	호랑이, 토끼, 용, 뱀,
말,	양,	원숭이, 닭, 개, 돼지.
나	나	나는 토끼띠야.

Wán yi wán
중국어로 놀아요

동물 눈치 게임

105쪽 오리기 활용

준비물 동물 카드

1 띠를 나타내는 12가지 동물 단어를 순서대로 칠판에 붙여요.

2 선생님이 "시작!" 하면 단어를 순서대로 한 명씩 말하면서 일어나요.

3 마지막 동물 단어를 말하는 친구는 탈락해요.
두 명 혹은 세 명이 동시에 말할 경우, 가위바위보를 해서 진 친구만 탈락해요.

4 살아 남은 친구들끼리 다시 시작해요.

5 같은 방식으로 반복해서, 마지막까지 살아 남는 친구가 이겨요.

응용 칠판에 붙인 단어를 보지 말고 12가지 동물 단어의 순서를 외워서 해 보세요.

1 녹음을 듣고 그림의 내용과 같으면 ○, 다르면 ✕ 표를 하세요.

❶

❷

2 그림을 보고 빈칸에 들어갈 말을 보기 에서 찾아 써 보세요.

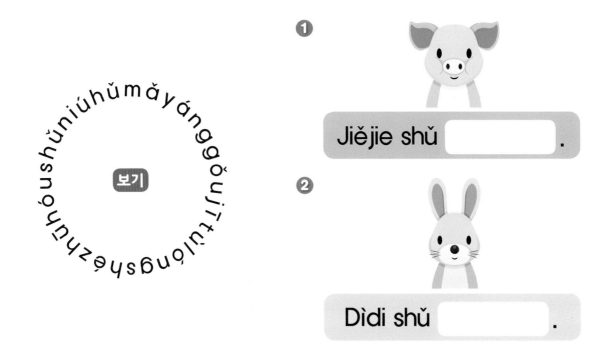

niúhǔmǎyánggǒujītùlóngshézhūhóushǔ

보기

❶

Jiějie shǔ [   ].

❷

Dìdi shǔ [   ].

MP3 2-5

3 빈칸에 들어갈 병음을 보기 에서 찾아 써 보세요.

보기   ǔ   u   ū   ú

❶

	s
	h
h	

❷

	g
	ǒ
h	ó	

Xiě yi xiě
바르게 따라 써 봐요

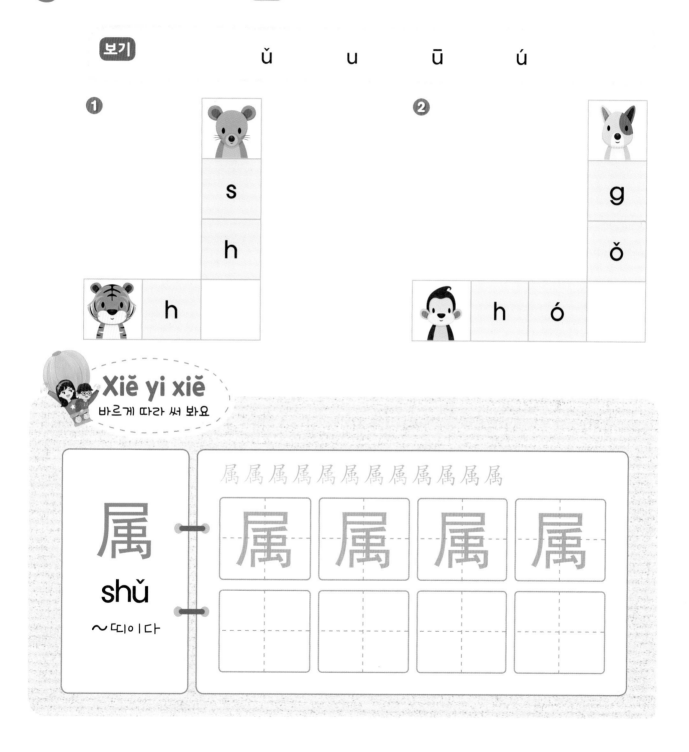

属
shǔ
～띠이다

属属属属属属属属属属属属

属 属 属 属

Wénhuà
중국을 알아 봐요

플러스 시간

 상상의 동물 **용**

중국 전설에 나오는 용은 서양의 드래건(dragon)과 달리, 흉악한 동물이 아니고 복과 행운을 가져다주는 좋은 의미의 동물이에요.

용은 물속에서 사는데, 바람·구름·비·번개를 부르고 하늘을 나는 등 대단한 신통력을 갖고 있어서 예로부터 물의 신으로서 숭배되어 왔어요. 또한 용은 행운의 상징이기도 해서, 중국 사람들은 용이 출현하면 좋은 징조라고 여겨서 기뻐했다고 해요.

107쪽 오리기 활용

용 만들기

① 부록에 있는 도안을 예쁘게 색칠해서 꾸며요.

② 예쁘게 꾸민 도안을 오리고, 몸통을 접어 주름을 잡아요.

③ 순서에 맞게 붙이고 나무 젓가락을 붙여 완성해요.

 →  →

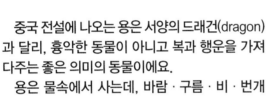

Cāi yi cāi
배울 내용을 생각해 봐요

난 언니나 오빠 있는 친구들이 부러워. 넌 오빠나 언니가 있어?

아니, 난 외동딸이야.

베이베이, 너희 집은 몇 식구야?

엄마, 아빠, 나 세 식구야.

중국 사람들은 다들 아이를 하나만 낳아?

예전에는 중국 인구가 너무 많아서, 나라에서 하나씩만 낳도록 했었어.

지금도?

아니, 지금은 두 명 낳을 수 있어. 앞으로는 아예 제한이 없어질지도 모른대.

✏️ 오늘 배울 내용은 ⬜⬜⬜⬜⬜ 예요.

MP3 3-1

Nǐ yǒu gēge ma?
你有哥哥吗?

Wǒ méiyǒu gēge.
我没有哥哥。

단어를 익혀요! MP3 3-2

jiā 家 집
rén 人 사람

yǒu 有 있다
méiyǒu 没有 없다

kǒu 口 식구 [양사]

Shuō yi shuō
바꿔서 말해 봐요

1

Wǒ jiā yǒu

sì kǒu rén .

我家有四口人。 우리 집은 네 식구야.

 잠깐!
"kǒu 口"는 식구, 사람을 셀 때 쓰이는 양사로,
앞에 숫자를 넣어 말해요.

sān kǒu rén
三口人 세 식구

liù kǒu rén
六口人 여섯 식구

wǔ kǒu rén
五口人 다섯 식구

qī kǒu rén
七口人 일곱 식구

🎧 MP3 3-3

2

Wǒ méiyǒu

gēge .

我没有哥哥。 나는 오빠(형)가 없어.

 잠깐!

있다고 할 때는 "yǒu 有", 없다고 할 때는
"没有 méiyǒu"를 사용해요.

jiějie
姐姐 언니(누나)

dìdi
弟弟 남동생

mèimei
妹妹 여동생

āyí
阿姨 이모, 아주머니

3과 Wǒ jiā yǒu sì kǒu rén. 41

가족

Jǐ	Jǐ	Nǐ jiā yǒu jǐ kǒu rén?
几	几	你家有几口人?
Sì	Sì	Wǒ jiā yǒu sì kǒu rén.
四	四	我家有四口人。
Yǒu	Yǒu	Nǐ yǒu gēge ma?
有	有	你有哥哥吗?
Méiyǒu	Méiyǒu	Wǒ méiyǒu gēge.
没有	没有	我没有哥哥。

몇	몇	너희 집은 몇 식구야?
넷	넷	우리 집은 네 식구야.
있어	있어	너는 오빠[형]가 있어?
없어	없어	나는 오빠[형]가 없어.

Wán yi wán
중국어로 놀아요

가족 빙고 게임

109쪽 오리기 활용   129쪽 스티커 활용

준비물 주사위, 가족 스티커

1. 부록의 가족 스티커를 빙고판에 자유롭게 붙여요.

2. 부록의 주사위도 오려서 만들어요.

3. 순서를 정해서 한 명씩 순서대로 돌아가며 주사위를 던져요.

4. 두 주사위에 나온 숫자를 더하여, 다 같이 "Wǒ jiā yǒu ○ kǒu rén."이라고
   말하고 빙고판에서 그 숫자와 가족 수가 같은 그림을 지워요.

5. 먼저 3줄을 지우고 "빙고!" 하고 외치는 친구가 이겨요.

Liànxí
연습해 봐요

1 녹음을 듣고 그림의 내용과 같으면 ○, 다르면 ✕ 표를 하세요.

❶

❷

2 우리말 뜻에 맞는 한자와 병음을 보기 에서 찾아 써 보세요.

보기	jǐ	jiā	yǒu	méiyǒu
	几	家	有	没有

❶ 집

병음

한자

❷ 몇

병음

한자

❸ 없다

병음

한자

3 그림을 보고 빈칸에 들어갈 말을 보기 에서 찾아 써 보세요.

보기

sān 三

sì 四

wǔ 五

liù 六

①
Wǒ jiā yǒu ☐ kǒu rén.
我家有 ☐ 口人。

②
Wǒ jiā yǒu ☐ kǒu rén.
我家有 ☐ 口人。

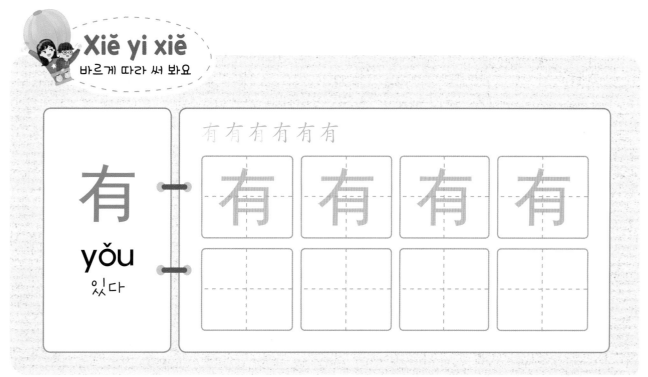

Xiě yi xiě
바르게 따라 써 봐요

有
yǒu
있다

有 有 有 有 有 有

有　有　有　有

 ## 중국의 **가족 문화**

중국에는 무려 14억 명이 넘는 사람들이 살고 있어요. 예전에 중국 정부에서는 인구가 너무 많아질까 봐, 집집마다 아이를 한 명만 낳도록 했어요. 아이가 하나뿐이니 부모가 아이를 작은 황제처럼 떠받든다고 해서 '소황제(小皇帝 xiǎohuángdì)'라고 불렀어요.

그런데 최근 인구 증가율이 낮아지면서 2016년부터는 아이를 두 명 낳을 수 있도록 정책이 바뀌었어요. 그래서 이제는 형제자매가 있는 가정이 많아졌어요.

111쪽 오리기 활용

가족 미니북 만들기

❶ 부록의 미니북을 오리고 접어요.

❷ 두 면씩 붙여서 미니북을 만들어요.

❷ 가족이 누가 있는지 그리고 꾸며요.

학생 작품 예시

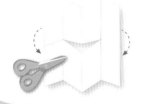

4과 Wǒ shì Hánguórén.
나는 한국인이야.

Cāi yi cāi
배울 내용을 생각해 봐요

오늘 배울 내용은 _____ 예요.

첫 번째 시간

> Tā yě shì Hánguórén ma?
> 她也是韩国人吗?

> Bú shì, tā shì Zhōngguórén.
> 不是，她是中国人。

nǎ 哪 어느

guó 国 나라

Hánguó 韩国 한국

Zhōngguó 中国 중국

Shuō yi shuō
바꿔서 말해 봐요

1

Wǒ shì

Hánguórén .

我是韩国人。 나는 한국인이야.

Yīngguórén
英国人 영국인

Fǎguórén
法国人 프랑스인

Měiguórén
美国人 미국인

Déguórén
德国人 독일인

🎧 MP3 4-3

2

Tā yě shì
Hánguórén ma?

她也是韩国人吗? 그녀도 한국인이야?

Zhōngguórén
中国人 중국인

Yìdàlìrén
意大利人 이탈리아인

Jiānádàrén
加拿大人 캐나다인

Rìběnrén
日本人 일본인

나라 이름

Nǐ	Nǐ	Nǐ shì nǎ guó rén?
你	你	你是哪国人?
Hánguó	Hánguó	Wǒ shì Hánguórén.
韩国	韩国	我是韩国人。
Tā	Tā	Tā yě shì Hánguórén ma?
她	她	她也是韩国人吗?
Bú shì	Bú shì	Tā shì Zhōngguórén.
不是	不是	她是中国人。

너는	너는	너는 어느 나라 사람이니?
한국	한국	나는 한국인이야.
그녀	그녀	그녀도 한국인이야?
아니	아니	그녀는 중국인이야.

Wán yi wán
중국어로 놀아요

나라 깃발 들기 게임

1 모둠별로 대표를 정해요.

2 선생님은 각 모둠의 대표에게 서로 다른 국기를 두 개씩 나눠 줘요.

3 모둠 대표들은 앞에 서서 양손의 국기를 하나씩 들면서 중국어로 나라 이름을 말해요.
　　예 오른손의 한국 국기를 들면서 "Hánguó", 왼손의 중국 국기를 들면서 "Zhōngguó"

4 나라 이름을 다 말했으면 국기를 든 양손을 가슴 높이로 들고 있어요.

5 선생님이 나라 이름을 하나씩 부르면, 그 나라의 국기만 들었다 내려요.
　　국기를 제때 들지 못했거나 다른 국기를 들면 탈락해요. 이렇게 해서 끝까지 남는 모둠 대표가 이겨요.

6 각 모둠의 첫 번째 대표가 게임을 마치면, 두 번째 대표가 나와서 같은 방식으로 게임을 해요.
　　각 모둠의 모든 학생이 순서대로 돌아가면서 하면 돼요.

Liànxí
연습해 봐요

1 녹음을 듣고 그림의 내용과 같으면 ○, 다르면 ✕ 표를 하세요.

❶

❷

2 그림을 보고 빈칸에 들어갈 나라 이름을 보기 에서 찾아 써 보세요.

보기　　Měiguó　　Yīngguó　　Zhōngguó　　Yìdàlì

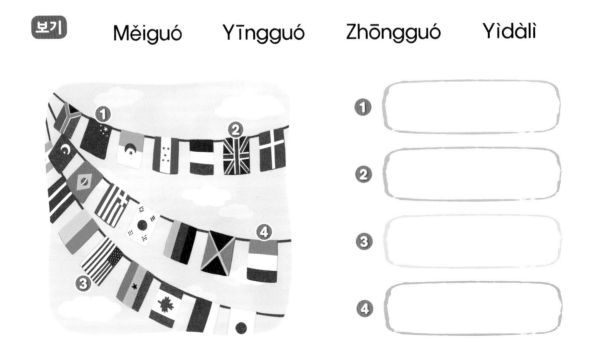

❶

❷

❸

❹

3 그림을 보고 빈칸에 들어갈 말을 보기 에서 찾아 대화를 완성해 보세요.

보기   Hán   shì   rén   nǎ
      韩   是   人   哪

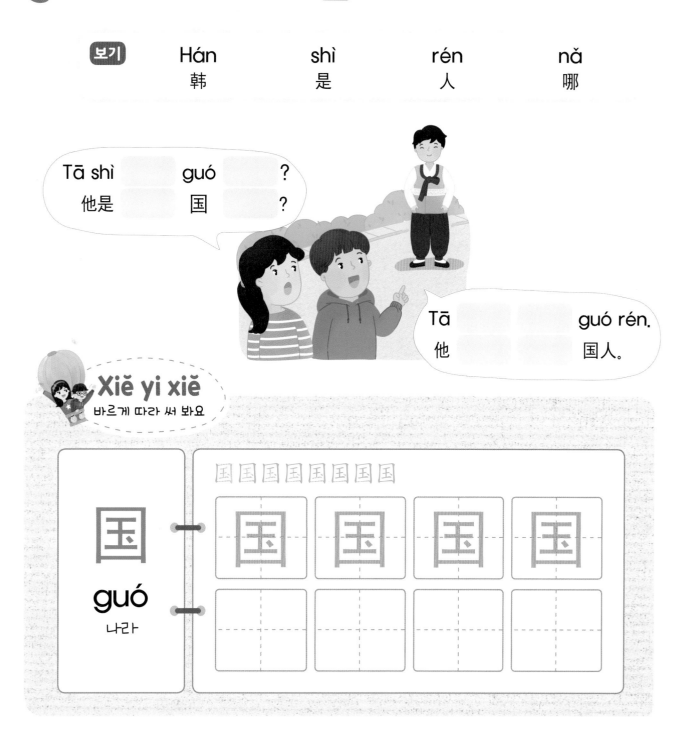

Tā shì ⬜ guó ⬜ ?
他是 ⬜ 国 ⬜ ?

Tā ⬜ ⬜ guó rén.
他 ⬜ ⬜ 国人。

Xiě yi xiě
바르게 따라 써 봐요

国
guó
나라

国国国国国国国国

国   国   国   国

Wénhuà
중국을 알아 봐요

플러스 시간

 중국의 국기 **오성홍기**

1949년 중화인민공화국이 수립된 후, 중국 정부에서는 새로운 국기를 정하기 위해서 '국기 공모전'을 열었어요. 이 공모전에는 3000가지가 넘는 다양한 국기 모양이 나왔고, 그중에서 중국의 특징이 잘 표현된 '오성홍기(五星红旗 Wǔxīng-Hóngqí)'를 정식 국기로 정했다고 해요. 오성홍기에는 별 5개가 그려져 있는데, 큰 별은 중국 공산당을 상징하고, 4개의 작은 별은 중국을 구성하는 다양한 계층을 상징한다고 해요.

113쪽 오리기 활용

만국기를 만들어 봐요

❶ 부록에 있는 국기판을 오려요.

❷ 국기 모양에 맞게 색칠해요.

❸ 완성된 국기를 연결하여 만국기를 만들어요.

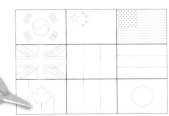

5과 Wǒ qù shūdiàn.
나는 서점에 가.

Cāi yi cāi
배울 내용을 생각해 봐요

안녕! 어디 가니?

서점 가는 길인데, 같이 갈래?

여기가 어디야?

여기는 베이징의 옛 골목길인데, '후통'이라고 불러.

이런 옛 골목길에는 중국 전통 가옥이 많이 남아있어.

그렇구나. 전통 가옥을 개조한 상점이나 찻집이 많네.

그러네. 저기 가 보자.

○○ 书店

슈디엔(shūdiàn)! 저기 서점이 있어.

✏ 오늘 배울 내용은 [   ] 예요.

첫 번째 시간

MP3 5-1

Nǐ qù chāoshì ma?
你去超市吗?

Wǒ bú qù chāoshì.
我不去超市。

단어를 익혀요! MP3 5-2

qù 去 가다
chāoshì 超市 슈퍼마켓

nǎr 哪儿 어디

shūdiàn 书店 서점

Wǒ qù shūdiàn .

我去书店。 나는 서점에 가.

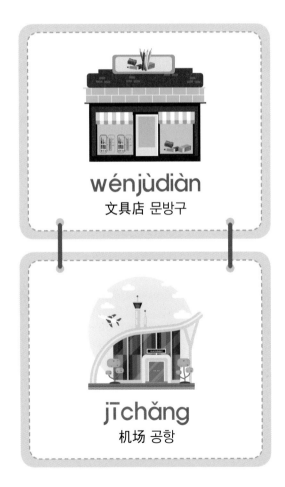

wénjùdiàn
文具店 문방구

jīchǎng
机场 공항

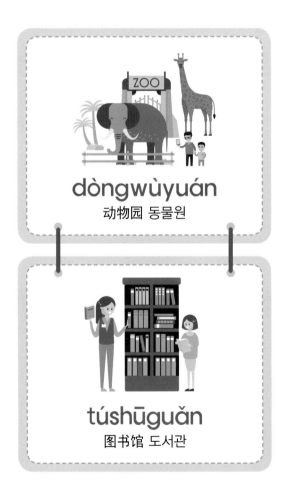

dòngwùyuán
动物园 동물원

túshūguǎn
图书馆 도서관

🎧 MP3 5-3

2

Wǒ bú qù
chāoshì .

我不去超市。
나는 슈퍼마켓에 가지 않아.

gōngyuán
公园 공원

cāntīng
餐厅 음식점

diànyǐngyuàn
电影院 영화관

yínháng
银行 은행

Chàng yi chàng
신나게 불러 봐요

장소

Qù 去	Qù 去	Nǐ qù nǎr? 你去哪儿?
Shūdiàn 书店	Shūdiàn 书店	Wǒ qù shūdiàn. 我去书店。
Qù 去	Qù 去	Nǐ qù chāoshì ma? 你去超市吗?
Bù 不	Bù 不	Wǒ bú qù chāoshì. 我不去超市。

가니	가니	너 어디 가니?
서점	서점	나는 서점에 가.
가니	가니	너 슈퍼마켓 가니?
아니	아니	나는 슈퍼마켓에 안 가.

Wán yi wán
중국어로 놀아요

129쪽 스티커 활용

준비물 장소 도장 스티커

장소 도장 찍기 게임

⭐1 모둠별로 장소 팻말을 하나씩 만들고, 모둠원 중 한 명이 팻말을 맡아서 들고 있어요.

⭐2 나머지 친구들은 각자 스티커 판을 들고 팻말마다 찾아다녀요.

⭐3 팻말을 맡은 모둠원은 스티커 판을 들고 찾아온 친구에게 "Nǐ qù nǎr?" 하고 물어봐요.

⭐4 스티커 판을 들고 온 친구는 "Wǒ qù ○○." 하고 팻말 장소에 맞게 대답해요.

⭐5 정확하게 중국어로 대답하면 팻말을 맡은 모둠원이 스티커 판에 팻말의 장소 도장 스티커를 한 장 붙여 줘요.

⭐6 정해진 시간 안에 스티커 판을 다 채우면 활동이 끝나요.

Nǐ qù nǎr?

1 녹음을 듣고 그림의 내용과 같으면 ○, 다르면 ✕ 표를 하세요.

❶

❷

2 그림을 보고 빈칸에 들어갈 말을 보기 에서 찾아 대화를 완성해 보세요.

보기

túshūguǎn　　图书馆

yínháng　　　银行

diànyǐngyuàn　电影院

Jīngjing, nǐ qù nǎr?
京京, 你去哪儿?

Wǒ qù　　　　.
我去　　　　。

3 지도를 보고 빈칸에 들어갈 장소 이름을 보기 에서 찾아 써 보세요.

보기

cāntīng
餐厅

dòngwùyuán
动物园

wénjùdiàn
文具店

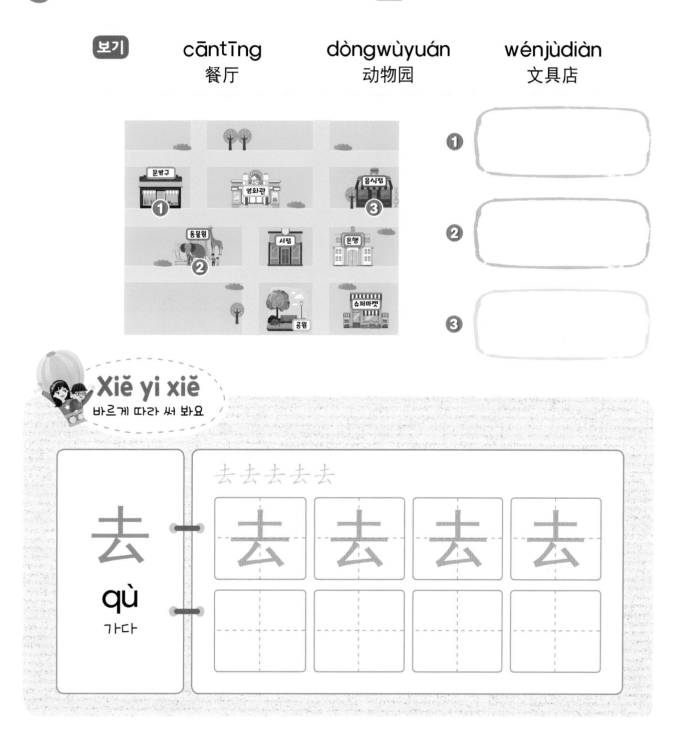

Xiě yi xiě
바르게 따라 써 봐요

去去去去去

去
qù
가다

去　去　去　去

중국 베이징의 **옛길**

중국 수도인 베이징의 옛길에는 특징이 있어요. 첫째, 모든 길은 고궁(故宮 Gùgōng)을 중심으로 통해 있어요. 어느 길로 들어가든 결국 고궁으로 갈 수 있어요. 둘째, 대부분의 길이 직선이고 바둑판처럼 가지런하게 나 있어요. 그래서 동서남북 방향만 알면 쉽게 길을 찾을 수 있어요. 셋째, 후통(胡同 hútòng)이라고 하는 골목이 발달했어요. 베이징의 후통은 저마다 특징을 살려 '오리 음식점 골목', '차 골목' 등 다양한 이름이 붙어 있어요.

115쪽 오리기 활용

동네 지도 만들기

❶ 부록의 지도를 오려요.

❷ 거리에 어떤 것들이 있는지 그려 넣어요.

❸ 예쁘게 색칠하여 꾸며요.

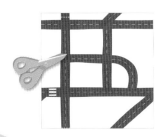

Cāi yi cāi
배울 내용을 생각해 봐요

이게 뭐지?
삼각김밥인가?

맛있다!

이건 쫑즈(zōngzi)라는 거야.
찹쌀밥을 갈대잎으로 싸서 찐 건데,
단오절에 많이 먹어.

단오절은
몇 월 며칠이야?

음력 5월 5일이야.

매년 단오절에는
용머리 모양의 배를 타고 경주하는
'용선 경기'도 열려.

 오늘 배울 내용은 _____ 예요.

Jīntiān xīngqī jǐ?
今天星期几?

Jīntiān xīngqī'èr.
今天星期二。

단어를 익혀요! MP3 6-2

jīntiān 今天 오늘

yuè 月 월

hào 号 일

xīngqī 星期 요일

xīngqī'èr 星期二 화요일

1

Jīntiān

wǔ yuè wǔ hào.

今天五月五号。오늘은 5월 5일이야.

sān
三 삼(3)

yī
一 일(1)

bā
八 팔(8)

shíwǔ
十五 십오(15)

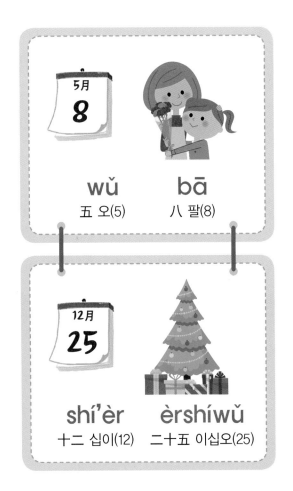

wǔ
五 오(5)

bā
八 팔(8)

shí'èr
十二 십이(12)

èrshíwǔ
二十五 이십오(25)

2

Jīntiān

xīngqī'èr .

今天星期二。 오늘은 화요일이야.

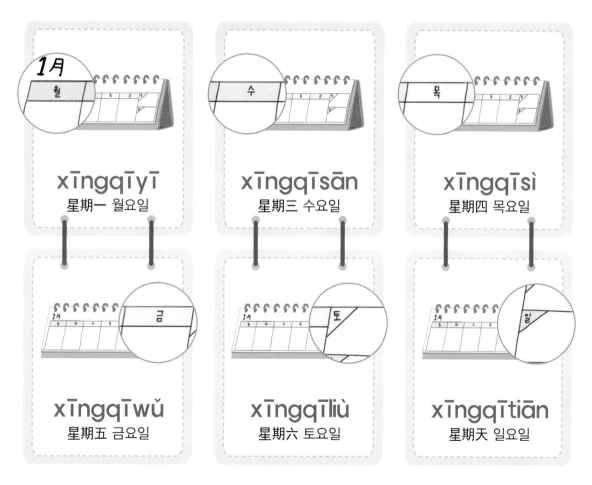

xīngqīyī
星期一 월요일

xīngqīsān
星期三 수요일

xīngqīsì
星期四 목요일

xīngqīwǔ
星期五 금요일

xīngqīliù
星期六 토요일

xīngqītiān
星期天 일요일

Chàng yi chàng
신나게 불러 봐요

MP3 6-4

날짜와 요일

Jǐ	Jǐ	Jǐ yuè jǐ hào?
几	几	几月几号?
Wǔ	Wǔ	Wǔ yuè wǔ hào.
五	五	五月五号。
Jǐ	Jǐ	Xīngqī jǐ?
几	几	星期几?
Èr	Èr	Xīngqī'èr.
二	二	星期二。
몇	몇	몇 월 며칠이야?
5	5	5월 5일이야.
무슨	무슨	무슨 요일이야?
화	화	화요일이야.

Wán yi wán
중국어로 놀아요

달력 땅따먹기

117쪽 오리기 활용

준비물 달력, 지우개

1 부록의 달력에 자신이 원하는 달을 쓰고 날짜도 자유롭게 채워 넣어요.

2 둘씩 짝을 지어서 각자 만든 달력을 바닥에 내려놓고 가위바위보로 순서를 정해요.

3 이긴 사람이 먼저 지우개를 달력의 가장자리에 놓고 손가락으로 쳐요.

4 상대방 친구가 날짜를 물어보면, 지우개를 친 친구가 지우개가 들어간 칸의 날짜를 보고 대답해요.

5 날짜를 정확히 대답하면 날짜 칸을 색칠할 수 있어요.
지우개가 밖으로 나가거나 대답하지 못하면 날짜 칸을 색칠할 수 없어요.

6 서로 정해진 횟수만큼 지우개를 친 후, 더 많은 날짜 칸을 색칠한 친구가 이겨요.

1 녹음을 듣고 그림의 내용과 같으면 ○, 다르면 ✕ 표를 하세요.

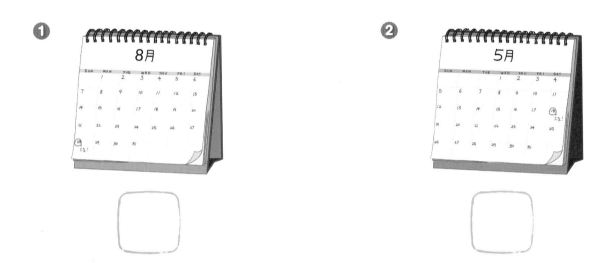

❶ 8月

❷ 5月

2 달력을 보고 빈칸에 들어갈 말을 보기 에서 찾아 대화를 완성해 보세요.

보기

wǔ   五

yuè 月

liù   六

hào 号

bā   八

❶ Jīntiān xīngqī jǐ?
今天星期几?

Jīntiān xīngqī ☐.
今天星期 ☐.

❷ Jīntiān jǐ yuè jǐ hào?
今天几月几号?

Jīntiān ☐ yuè ☐ hào.
今天 ☐ 月 ☐ 号.

3 그림을 보고 알맞은 단어를 골라 ○표 하세요.

오늘은 9월 13일이야.

9月
13

Jīntiān jiǔ yuè | hào shísān yuè | hào .
今天九 月 | 号 十三 月 | 号 。

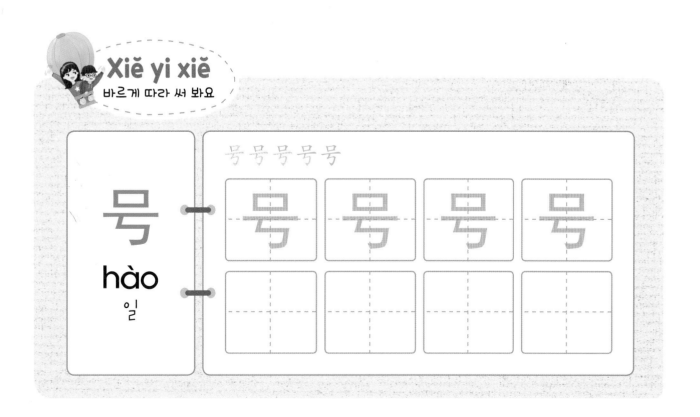

Xiě yi xiě
바르게 따라 써 봐요

号号号号号

号 - 号 号 号 号

hào
일

 중국 전통 명절 **단오절**

중국에는 전국 시대 초나라의 시인 굴원의 전설에서 유래된 놀이와 먹거리 풍습이 많아요. 굴원은 나라를 걱정하는 말을 했다가 왕에게 미움을 받아 먼 곳으로 유배되었어요. 그곳에서도 백성과 나라를 걱정하다가 나라가 망했다는 소식을 듣고 슬픔에 잠겨 강에 몸을 던졌다고 해요. 그날이 음력 5월 5일 단오절인데, 매년 단오절에는 굴원의 애국심을 기리는 용선 경기나 쫑즈(粽子 zōngzi) 먹기 등의 풍습이 이어지고 있어요.

119쪽 오리기 활용

종이 쫑즈 만들기

❶ 부록에서 쫑즈 도안을 오려요.

❷ 도안 4개의 면을 예쁘게 색칠해서 꾸며요.

❸ 풀로 붙이고 끈을 달아서 완성해요.

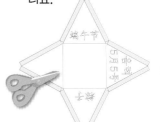

Cāi yi cāi
배울 내용을 생각해 봐요

✏️ 오늘 배울 내용은 [   ] 예요.

Jǐ diǎn jiàn péngyou?
几点见朋友?

Liǎng diǎn bàn jiàn péngyou.
两点半见朋友。

단어를 익혀요! 🎧 MP3 7-2

xiànzài 现在 지금	diǎn 点 ~시	fēn 分 ~분	jiàn 见 만나다
péngyou 朋友 친구	liǎng 两 둘, 2	bàn 半 반, 30분	

Xiànzài

| bā | diǎn | shí | fēn. |

现在八点十分。 지금은 8시 10분이야.

잠깐!
2시는 "èr diǎn 二点" 이 아니라
"liǎng diǎn 两点"이라고 해요.

08:10

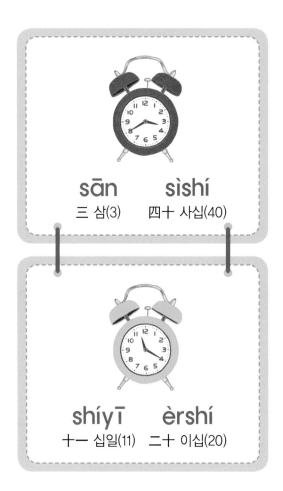

sān   **sìshí**
三 삼(3)   四十 사십(40)

shíyī   **èrshí**
十一 십일(11)   二十 이십(20)

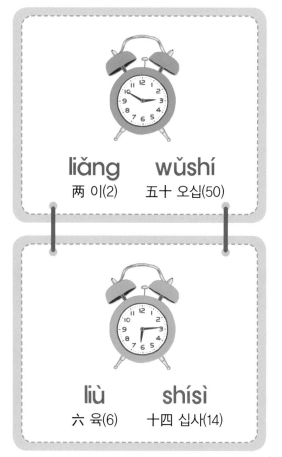

liǎng   **wǔshí**
两 이(2)   五十 오십(50)

liù   **shísì**
六 육(6)   十四 십사(14)

2

Jǐ diǎn

jiàn péngyou ?

几点见朋友? 몇 시에 친구를 만나?

kāishǐ
开始 시작하다

jiéshù
结束 끝나다, 마치다

chūfā
出发 출발하다

dào
到 도착하다

시간

Jǐ diǎn	Jǐ diǎn	Xiànzài jǐ diǎn?
几点	几点	现在几点?
Bā bā	Shí shí	Bā diǎn shí fēn.
八八	十十	八点十分。
Jǐ diǎn	Jǐ diǎn	Jǐ diǎn jiàn péngyou?
几点	几点	几点见朋友?
Liǎng diǎn	Liǎng diǎn	Liǎng diǎn bàn jiàn péngyou.
两点	两点	两点半见朋友。

몇 시	몇 시	지금 몇시야?
여덟 여덟	십 십	여덟 시 십 분이야.
몇 시	몇 시	몇 시에 친구 만나?
두 시	두 시	두 시 반에 친구 만나.

Wán yi wán
중국어로 놀아요

시간 카드 모으기

121쪽 오리기 활용

준비물 시간 카드

1. 부록의 시간 카드를 모두 오려요.

2. 시간 카드를 잘 섞어서 가운데에 뒤집어 놓아요.

3. 첫 번째 친구가 맨 위의 카드를 뒤집고, 카드에 그려진 시간을 중국어로 말해요.

4. 정확하게 중국어로 말하면 시간 카드를 가져갈 수 있어요.

5. 틀리게 대답하면 카드를 다시 제일 아래 집어넣어요.

6. 더 많은 카드를 모은 친구가 승리해요.

1 녹음을 듣고 그림의 내용과 같으면 ○, 다르면 ✕ 표를 하세요.

❶

❷

2 주어진 시간을 읽고 빈 시계에 시간을 정확하게 그려 보세요.

❶

❷

liǎng diǎn sìshí fēn
两点四十分

liù diǎn bàn
六点半

3 그림을 보고 빈칸에 들어갈 말을 보기 에서 찾아 대화를 완성해 보세요.

보기
bàn	fēn	jǐ	diǎn	shí
半	分	几	点	十

Jǐ diǎn chūfā?
几点出发?

Bā ___ sìshí ___ chūfā.
八 ___ 四十 ___ 出发。

Xiě yi xiě
바르게 따라 써 봐요

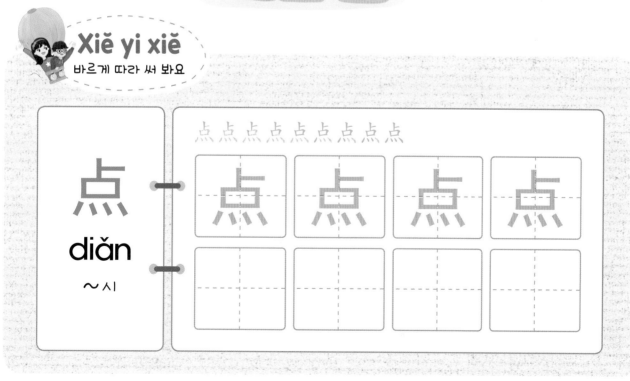

点点点点点点点点点

点
diǎn
～시

 ## 중국과 다른 나라의 **시차**

중국은 수도 베이징을 기준으로 전 지역이 같은 시간대를 사용하고 있어요. 그러나 중국은 면적이 워낙 넓어서, 실제로는 동쪽과 서쪽이 4시간 이상의 시차가 있답니다.

또 중국은 한국과 약 1시간의 시차가 있어요. 한국과 일본보다는 1시간 늦고, 러시아보다 5시간이 이르고, 인도보다 2시간 반이 이르답니다. 중국이 오후 2시라면 한국과 일본은 오후 3시, 러시아는 오전 9시, 인도는 오전 11시 반이에요.

123쪽 오리기 활용

종이 시계 만들기

① 부록의 시계 1번 판을 오려서 숫자를 쓰고 꾸며요.

② 시계 2번 판에는 시침과 분침을 오려서 자유롭게 붙여요.

③ 1번 판 위에 시계 2번 판을 올려놓고 2번 판을 돌리면서 짝꿍과 시간을 다양하게 물어보고 답해 보세요.

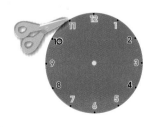 →  →

Cāi yi cāi
배울 내용을 생각해 봐요

스우 콰이 치엔 (Shíwǔ kuài qián).

얼마예요?

콰이(kuài)가 뭐야?

중국의 화폐 단위인 '위안'을 평소 말할 때는 '콰이'라고 해.

그럼 '15위안'이라는 말이구나.

그런데 중국 돈은 지폐도, 동전도 종류가 많아서 헷갈려.

자, 내가 도와줄게.

고마워!

✏️ 오늘 배울 내용은 [   ] 예요.

Liǎng kuài
qián.

两块钱。 2위안이야.

bā kuài
八块 8위안

èrshíliù kuài
二十六块 26위안

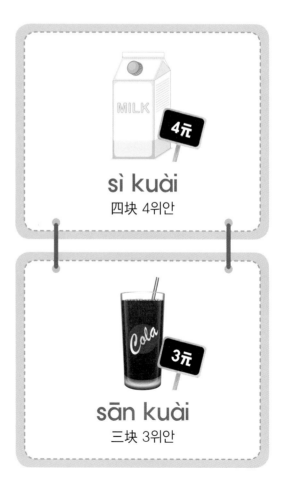

sì kuài
四块 4위안

sān kuài
三块 3위안

2

Píngguǒ
duōshao qián yí ge?

苹果多少钱一个?
사과 하나에 얼마예요?

lí
梨 배

shìzi
柿子 감

cǎoméi
草莓 딸기

táozi
桃子 복숭아

가격

| Pútao | Pútao | Duōshao qián? |
| 葡萄 | 葡萄 | 多少钱? |

| Liǎng kuài | Liǎng kuài | Liǎng kuài qián. |
| 两块 | 两块 | 两块钱。 |

| Píngguǒ | Píngguǒ | Duōshao qián yí ge? |
| 苹果 | 苹果 | 多少钱一个? |

| Sān kuài | Sān kuài | Sān kuài qián. |
| 三块 | 三块 | 三块钱。 |

포도	포도	얼마야?
2위안	2위안	2위안이야.
사과	사과	하나에 얼마야?
3위안	3위안	3위안이야.

Wán yi wán
중국어로 놀아요

가격표 완성하기

125쪽 오리기 활용

준비물 과일 카드, 가격표 카드

1. 부록의 과일 카드와 가격표 카드를 오려요.

2. 칠판에 과일 카드와 가격표 카드를 각각 나란히 붙여요.

3. 모둠에서 첫 번째 학생이 선생님에게 "○○ duōshao qián?" 하고 물으면 선생님은 중국어로 그 과일의 가격을 말해 줘요.

4. 가격을 듣고 맞는 가격표 카드를 찾아 과일 카드 아래로 옮겨 붙여요.

5. 기회는 한 번뿐이고 더 많은 과일의 가격표를 정확하게 붙인 모둠이 승리해요.

1 녹음을 듣고 그림의 내용과 같으면 ○, 다르면 ✕ 표를 하세요.

❶ 3元

❷ 1元

2 그림에 알맞은 가격을 찾아 서로 연결해 보세요.

❶ MILK 10元

❷ Cider 7元

❸ Cola 3元

qī kuài qián
七块钱

sān kuài qián
三块钱

shí kuài qián
十块钱

3 사다리를 타고 가서 과일 가격이 얼마인지 보기 에서 찾아 써 보세요.

보기   bā kuài qián   liù kuài qián   liǎng kuài qián
            八块钱   六块钱   两块钱

① 2元

② 8元

③ 6元

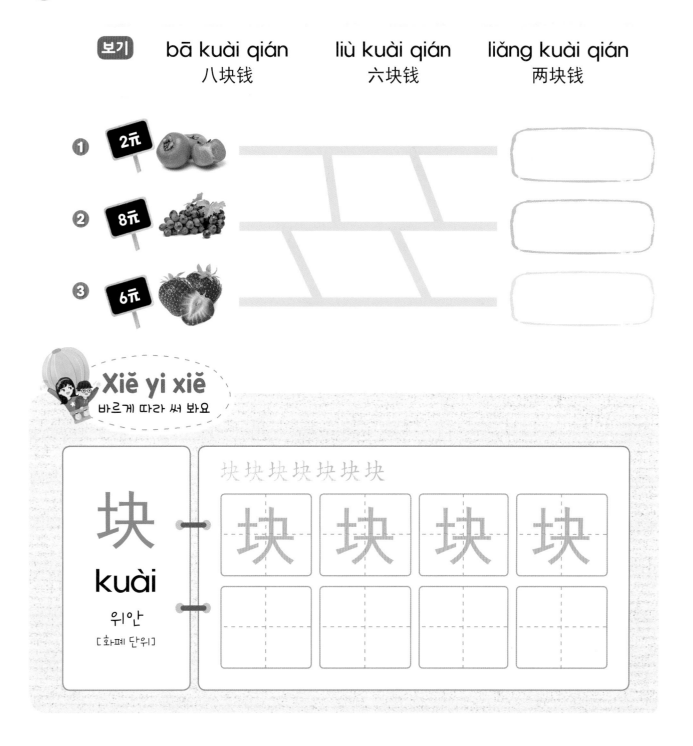

Xiě yi xiě
바르게 따라 써 봐요

块 — kuài
위안
[화폐 단위]

块块块块块块块

块 块 块 块

 # 중국의 **화폐**

중국의 화폐 단위는 3가지로 콰이(块 kuài), 마오(毛 máo), 펀(分 fēn)이 있어요. 글로 쓸 때는 콰이 대신 위안(元 yuán)이라고 쓰고, 마오 대신 자오(角 jiǎo)라고 써요. 화폐의 종류도 매우 다양한데, 1콰이, 1마오, 5마오는 지폐와 동전이 모두 사용되고 있어요.

글로 쓸 때	元 yuán	>	角 jiǎo	>	分 fēn
말로 할 때	块 kuài	>	毛 máo	>	分 fēn

127쪽 오리기 활용

나만의 화폐 만들기

학생 작품 예시

① 부록의 지폐와 동전 틀을 오려요.

② 원하는 금액의 숫자나 병음을 써 넣고 색칠해서 꾸며요.

부록

본문 해석

1과 18~19쪽

아리 너는 몇 학년 몇 반이야?

베이베이 나는 3학년 2반이야.

징징 저분은 중국어 선생님이야?

유준 맞아, 저분은 중국어 선생님이야.

2과 28~29쪽

아랑 엄마, 엄마는 무슨 띠예요?

엄마 나는 토끼띠야.

아리 아빠도 토끼띠예요?

아빠 아니, 아빠는 쥐띠야.

3과 38~39쪽

베이베이 너희 집은 몇 식구야?

아리 우리 집은 네 식구야.

유준 너는 오빠가 있어?

징징 나는 오빠가 없어.

4과 48~49쪽

징징 너는 어느 나라 사람이야?

유준 나는 한국인이야.

아리 그녀도 한국인이야?

베이베이 아니, 그녀는 중국인이야.

5과 58~59쪽

아리 너 어디 가니?

베이베이 나는 서점에 가.

징징 너 슈퍼마켓 가니?

유준 나는 슈퍼마켓에 안 가.

6과 68~69쪽

징징 오늘은 몇 월 며칠이야?

유준 오늘은 5월 5일이야.

아리 오늘은 무슨 요일이야?

베이베이 오늘은 화요일이야.

7과 78~79쪽

유준 지금 몇 시야?

징징 지금은 8시 10분이야.

베이베이 몇 시에 친구 만나?

아리 2시 반에 친구 만나.

8과 88~89쪽

아리 포도는 얼마야?

베이베이 2위안이야.

유준 사과 하나에 얼마예요?

과일가게 주인 3위안이야.

녹음 대본

1과 24쪽

1
① Wǒ sān niánjí èr bān.
我三年级二班。

② Tā shì xiàozhǎng.
他是校长。

2과 34쪽

1
① Wǒ shǔ jī.
我属鸡。

② Wǒ shǔ mǎ.
我属马。

3과 44쪽

1
① Wǒ méiyǒu mèimei.
我没有妹妹。

② Wǒ méiyǒu dìdi.
我没有弟弟。

4과 54쪽

1
① Tā shì Zhōngguórén.
她是中国人。

② Tā bú shì Yīngguórén.
他不是英国人。

5과 64쪽

1
① Wǒ qù gōngyuán.
我去公园。

② Wǒ bú qù diànyǐngyuàn.
我不去电影院。

6과 74쪽

1
① Jīntiān bā yuè shíbā hào.
今天八月十八号。

② Jīntiān xīngqīliù.
今天星期六。

7과 84쪽

1
① Xiànzài sān diǎn bàn.
现在三点半。

② Liǎng diǎn jiàn péngyou.
两点见朋友。

8과 94쪽

1
① Sān kuài qián.
三块钱。

② Pútao liǎng kuài qián.
葡萄两块钱。

1과 24~25쪽

2과 34~35쪽

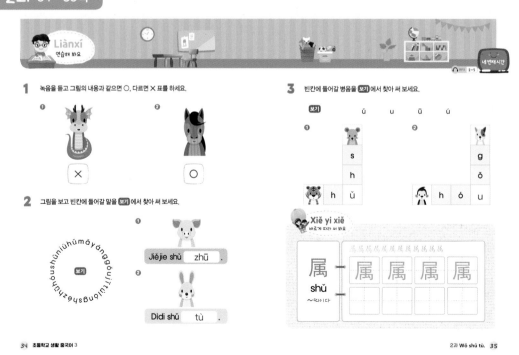

1 녹음을 듣고 그림의 내용과 같으면 ○, 다르면 ✕ 표를 하세요.

2 우리말 뜻에 맞는 한자와 병음을 보기에서 찾아 써 보세요.

보기	jǐ	jiā	yǒu	méiyǒu
	几	家	有	没有

3 그림을 보고 빈칸에 들어갈 말을 보기에서 찾아 써 보세요.

보기
sān 三
sì 四
wǔ 五
liù 六

Xiě yi xiě 바르게 따라 써 봐요

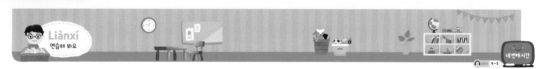

1 녹음을 듣고 그림의 내용과 같으면 ○, 다르면 ✕ 표를 하세요.

2 그림을 보고 빈칸에 들어갈 나라 이름을 보기에서 찾아 써 보세요.

보기　Měiguó　Yīngguó　Zhōngguó　Yìdàlì

❶ Zhōngguó
❷ Yīngguó
❸ Měiguó
❹ Yìdàlì

3 그림을 보고 빈칸에 들어갈 말을 보기에서 찾아 대화를 완성해 보세요.

보기	Hán	shì	rén	nǎ
	韩	是	人	哪

Xiě yi xiě 바르게 따라 써 봐요

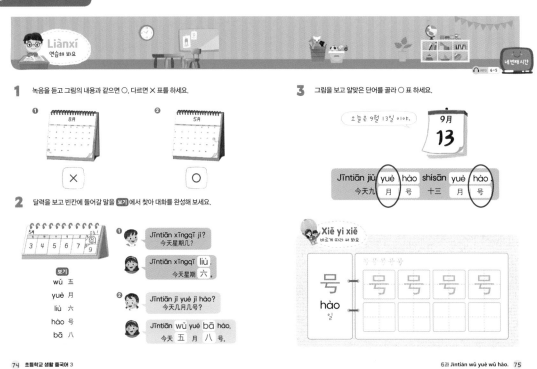

1 녹음을 듣고 그림의 내용과 같으면 ○, 다르면 ✕ 표를 하세요.

①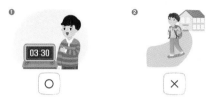

○

②

✕

2 주어진 시간을 읽고 빈 시계에 시간을 정확하게 그려 보세요.

①

liǎng diǎn sìshí fēn
两点四十分

②

liù diǎn bàn
六点半

3 그림을 보고 빈칸에 들어갈 말을 보기 에서 찾아 대화를 완성해 보세요.

보기   bàn   fēn   jǐ   diǎn   shí
        半   分   几   点   十

Jǐ diǎn chūfā?
几点出发?

Bā diǎn sìshí fēn chūfā.
八 点 四十 分 出发.

Xiě yi xiě 바르게 따라 써 봐요

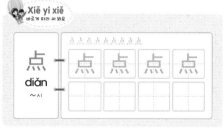

点 diǎn ~시

1 녹음을 듣고 그림의 내용과 같으면 ○, 다르면 ✕ 표를 하세요.

①

○

②

✕

2 그림에 알맞은 가격을 찾아 서로 연결해 보세요.

① Milk 10元

② Cider 7元

③ 3元

qī kuài qián
七块钱

sān kuài qián
三块钱

shí kuài qián
十块钱

3 사다리를 타고 가서 과일 가격이 얼마인지 보기 에서 찾아 써 보세요.

보기   bā kuài qián   liù kuài qián   liǎng kuài qián
      八块钱   六块钱   两块钱

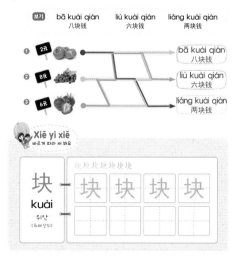

① 2元

② 8元

③ 6元

bā kuài qián
八块钱

liù kuài qián
六块钱

liǎng kuài qián
两块钱

Xiě yi xiě 바르게 따라 써 봐요

块 kuài 위안 [중국의 단위]

동물 카드

shǔ 鼠	niú 牛	hǔ 虎
tù 兔	lóng 龙	shé 蛇
mǎ 马	yáng 羊	hóu 猴
jī 鸡	gǒu 狗	zhū 猪

3과 학습 활동 자료 43, 46쪽

가족 빙고 게임

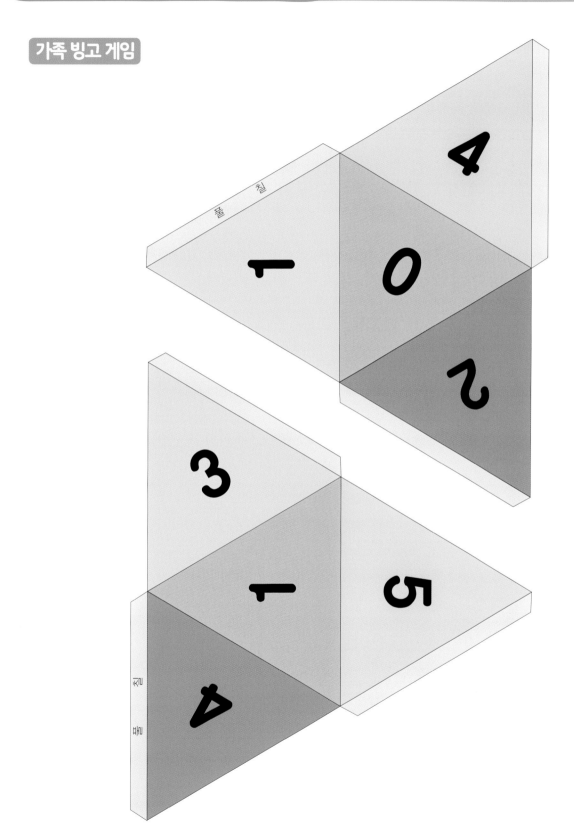

가족 미니북

점선: 접는 선, 실선: 오리는 선

4과 학습 활동 자료 56쪽

만국기

동네 지도

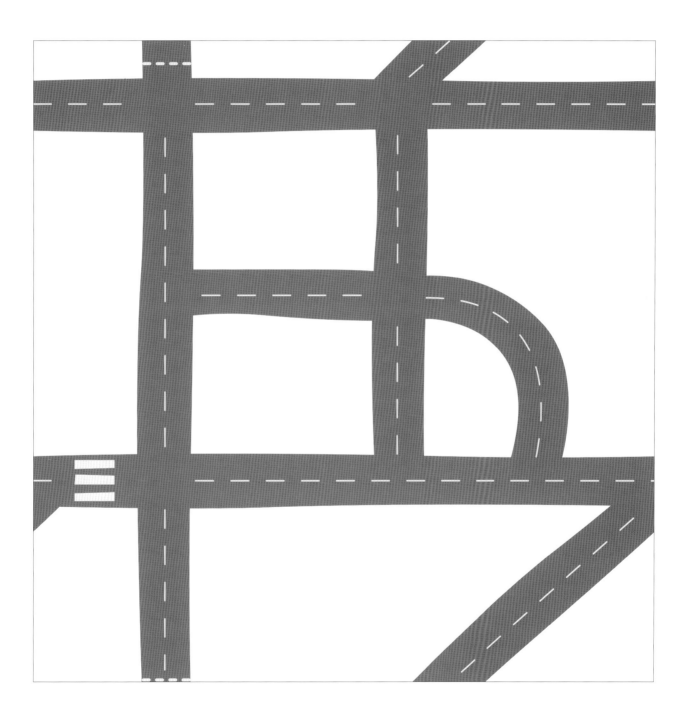

6과 학습 활동 자료 73, 76쪽

달력 땅따먹기

星期六	星期五	星期四	星期三	星期二	星期一	星期天

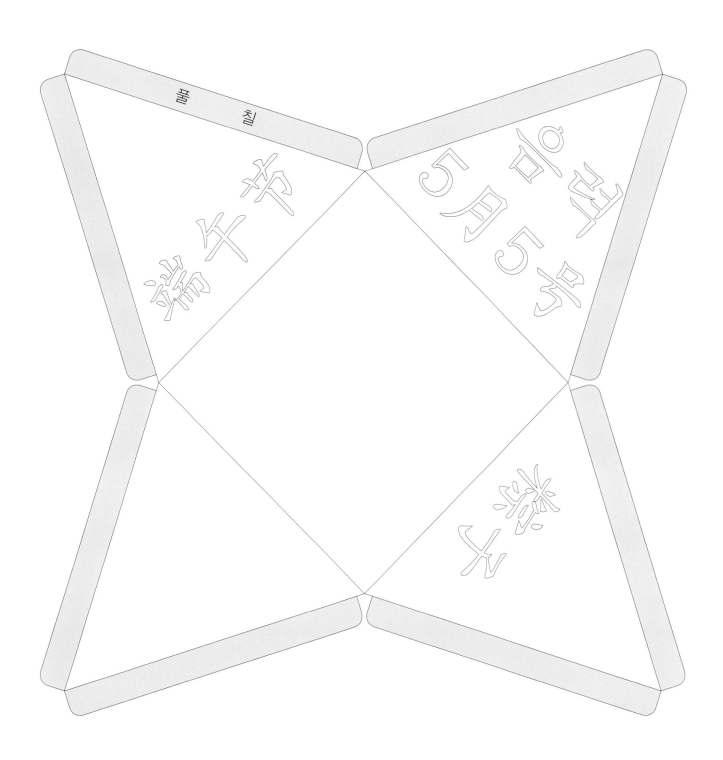

7과 학습 활동 자료 83, 86쪽

시간 카드

03:40	02:50	11:20
06:14	08:30	10:45

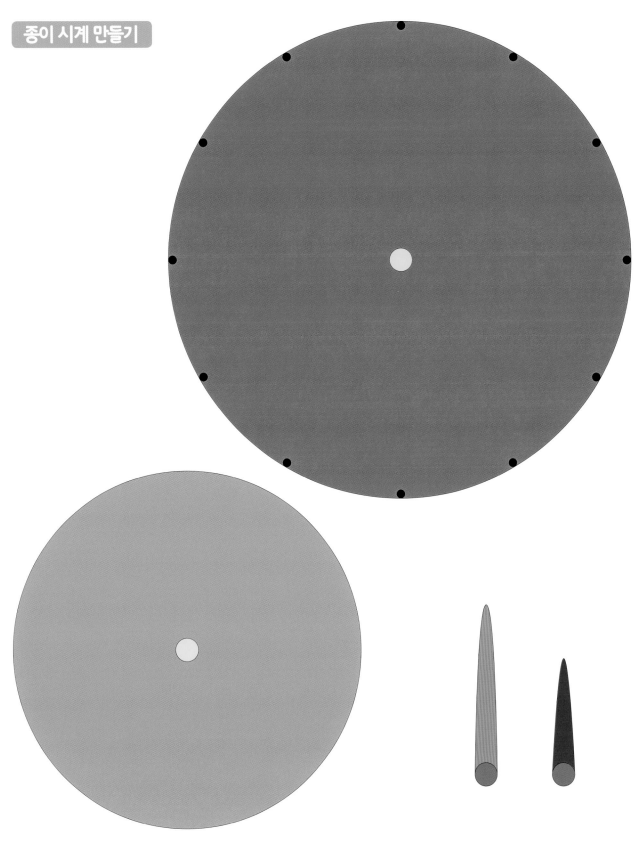

과일 카드

가격표 카드

8.00元	4.00元	3.00元
26.00元	2.00元	9.00元

학습 활동 자료 _스티커

1과 연습해 봐요   25쪽

> Wǒ sān niánjí yī bān.
> 我三年级一班。

> Tā shì tóngxué.
> 他是同学。

3과 중국어로 놀아요   43쪽

5과 중국어로 놀아요   63쪽